Editionen für den Literaturunterricht
Herausgeber: Dietrich Steinbach

Materialien

Frank Wedekind ›Frühlings Erwachen‹

Ausgewählt und eingeleitet
von Peter Bekes

Ernst Klett Schulbuchverlag
Stuttgart Düsseldorf Berlin Leipzig

[ ] Vom Bearbeiter eingesetzte Titel.
* Vom Bearbeiter eingesetzte Fußnoten.

Gedruckt auf Papier aus chlorfrei gebleichtem Zellstoff, säurefrei.

1. Auflage 1 7 6 5 4 | 1997 96 95

Alle Drucke dieser Auflage können im Unterricht nebeneinander benutzt werden, sie sind untereinander unverändert. Die letzte Zahl bezeichnet das Jahr dieses Druckes.

Umschlag: Zembsch' Werkstatt, München / Klett, Stuttgart.
Gesamtherstellung: Ludwig Auer GmbH, Donauwörth.

ISBN 3-12-358720-7

Inhaltsverzeichnis

Umschlagtitel der Erstausgabe. Foto: Schiller-Nationalmuseum, Marbach am Neckar

Einleitung

Wedekinds 1891 als Buch publizierte, aber erst 15 Jahre später uraufgeführte Kindertragödie ›Frühlings Erwachen‹ gilt heute der Literaturgeschichtsschreibung als Prototyp einer Gruppe von Werken, die sich um die Jahrhundertwende mit der Unterdrückung von Jugendlichen durch starre gesellschaftliche Normen beschäftigen. Die zentrale soziale Institution, in der und durch die die Heranwachsenden konkret die Einengung ihrer Bedürfnisse und die Beschneidung ihrer Lebensvorstellungen erfahren, ist die Schule. Wedekinds Stück steht am Anfang einer Reihe von literarischen Texten, die man als Schüler- und Jugendtragödien bzw. als Schulsatiren bezeichnen könnte (z. B. Hesses ›Unterm Rad‹, Musils ›Die Verwirrungen des Zöglings Törleß‹, H. Manns ›Professor Unrat‹). Mit ihm klagt Wedekind die unmenschlichen repressiven Schulverhältnisse um die Jahrhundertwende an und deckt die sich aus ihnen ergebenden Entfremdungsschäden und Bewußtseinsdeformationen der Jugendlichen auf. Der Dichter hat betont, daß er Figuren, Handlung und Probleme des Stückes aufgrund von persönlichen Erlebnissen aus seiner Gymnasialzeit entwickelt habe *(s. Kapitel II)*. »Fast jede Szene«, so hat er nachträglich sicherlich ein wenig überspitzt behauptet, »entspricht einem wirklichen Vorgang.«

In einem ähnlichen Struktur- und Funktionszusammenhang wie die Schule ist die bürgerliche Familie zu sehen. Deren Erziehungsmethoden werden im Stück in mehreren Variationen in Szene gesetzt. Das Leistungsethos, das Prestige- und Aufstiegsdenken des Bürgertums um 1890 reproduzieren sich zunehmend in den Praktiken, mit denen die Eltern ihre Kinder erziehen. Diese wollen weder deren natürliche Reifung noch soziale Entwicklung wahrhaben. Indem sie sich – aus Prüderie, Feigheit oder Unvermögen – weigern, notwendige Aufklärungarbeit bei sexuellen Problemen, überhaupt in Fragen der Lebensbewältigung zu leisten, verlängern sie deren Abhängigkeit. Auch die familiäre Sozialisation erfahren die Jugendlichen als zwanghaften Prozeß, der ihnen die Erfahrung ihrer Natur, ihrer körperlichen und seelischen Anlagen entfremdet. Hier wird der Triebverzicht gefordert und auch dogmatisch durchgesetzt, selbst wenn dabei die Kinder geopfert werden müssen.

Die in *Kapitel I* angebotenen Dokumente geben Hintergrundinformationen zu den schulischen und familiären Verhältnissen um 1890. Sie reflektieren zumeist kritisch Inhalte, Methoden und Ziele bürgerlicher Erziehung. Es bietet sich an, die hier beschriebenen Verhältnisse und geforderten Neuerungen mit den im Stück dargestellten Erziehungssituationen zu vergleichen.

Die Vehemenz, mit der sich Wedekinds Stück gegen die mißlichen Erziehungsverhältnisse in seiner Zeit wendet, könnte zu der Annahme verleiten, ›Frühlings Erwachen‹ sei als Kampfschrift gegen verkrustete Erziehungsnormen zu deuten. Daß diese Sichtweise zu einseitig ist, zeigen die Selbstdeutungen, die der Autor zu verschiedenen Anlässen (z.B. Uraufführung des Stückes) gegeben hat *(s. Kapitel II)*. Allerdings müssen diese Selbstinterpretationen vor dem Hintergrund der rigorosen Zensurbestimmungen und -maßnahmen in den Jahren um die Jahrhundertwende gelesen werden, die nicht selten eine Inszenierung des Stückes verhinderten.

Die bewegten Diskussionen, die der Inhalt des Dramas auslöste, können nicht darüber hinwegtäuschen, daß sein Autor es von Anfang an als Theaterstück konzipiert hat, obwohl es als solches in dieser Zeit nicht leicht zu inszenieren war. Und als Theaterstück ist es für ihn – entgegen dem tödlichen Ausgang, den das Geschehen für zwei der drei Hauptfiguren nimmt, und wider seine Ankündigung als Kindertragödie – mit den Mitteln des Humors szenisch zu gestalten. Das humorvolle Spiel ist nach seiner Auffassung ein Gegengewicht zu Tragik und Pathos (s. in *Kapitel II* den Brief vom 3. 1. 1907), die sicherlich in der Fabel liegen. Im engen Zusammenhang mit den Kommentaren des Autors zu seinem Stück kann der in *Kapitel III* angeführte

Text von Klotz gelesen werden. Er vermittelt Einblicke in die ästhetische Eigenart und dramaturgische Anlage des Dramas. Für Klotz ist ›Frühlings Erwachen‹ ein wichtiges Beispiel für eine Dramaturgie der offenen Form. Dies demonstriert er anhand der Handlungsführung, Personengestaltung und Sprachgebung des Dramas.

Die Erörterung des dramaturgischen Neuansatzes von Wedekind macht den Abstand deutlich, der das Stück von der naturalistischen Dramenpraxis der Zeit, etwa eines Gerhart Hauptmann, trennt. Exakte Widerspiegelung von Realität, ein zweckgerichteter Handlungsaufbau, die Darstellung tragischer Konflikte bzw. individueller Katastrophen, alle diese Momente sind für Wedekind historisch überholt. Er orientiert sich an den Handlungsmustern der Zirkuswelt. In ihr findet er für seine Dramatik zentrale szenische und stilistische Formen: die Parodie, Groteske, Satire. Mit ihnen verfremdet, provoziert und belustigt er.

Die Überlegungen zur dramatischen und literarischen Form führen in das Zentrum der Wirkungsgeschichte von ›Frühlings Erwachen‹. Bei der Auswahl der Rezeptionsdokumente wurde darauf geachtet, ein breites zeitliches Spektrum an Reaktionen abzudecken und möglichst unterschiedliche interpretatorische Zugriffe vorzustellen. Ungeachtet der Differenzen in Methode und Zielsetzung sind die vielfältigen Deutungen *(s. Kapitel IV)*, und dazu zählen auch die zahlreichen Inszenierungen, zumeist um den Gegensatz von Kindern und Erwachsenenwelt oder um das Spannungsverhältnis von Natur und Gesellschaft zentriert. Dabei betonen sie entweder die sozialkritischen Aspekte des Stückes oder arbeiten seine lyrisch-jugendstilhaften Stilzüge heraus. Ein Vergleich der in Kapitel IV abgedruckten Beispiele läßt die gegensätzlichen Positionen erkennen.

Die historische Leistung und aktuelle Brisanz des Stückes liegen wohl in der Art, wie der Autor die ideologischen Verschleierungen der Erwachsenenwelt, deren Selbststilisierung in einer verlogenen Moral, als blanken Eigennutz entlarvt. Daß der Antibürger Wedekind allerdings damit nicht grundsätzlich die Lebensformen des Bürgertums in

Frage stellt, wird durch den positiven Ausblick in der Schlußszene des Stückes – der lebensmüde Melchior wird in die bürgerliche Welt als einer Sphäre der Lebensfreude heimgeführt – besiegelt. Das ist die Paradoxie seines Stükkes und – vielleicht – seines Lebens.

I. Schulische und familiäre Erziehung um 1890

1. Stefan Zweig: Die Schule im vorigen Jahrhundert

(1944)

[. . .] Daß ich nach der Volksschule auf das Gymnasium gesandt wurde, war nur eine Selbstverständlichkeit. Man hielt in jeder begüterten Familie schon um des Gesellschaftlichen willen sorglich darauf, ›gebildete‹ Söhne zu haben; man ließ sie Französisch und Englisch lernen, machte sie mit Musik vertraut, hielt ihnen zuerst Gouvernanten und dann Hauslehrer für gute Manieren. Aber nur die sogenannte ›akademische‹ Bildung, die zur Universität führte, verlieh in jenen Zeiten des ›aufgeklärten‹ Liberalismus vollen Wert; darum gehörte es zum Ehrgeiz jeder ›guten‹ Familie, daß wenigstens einer ihrer Söhne vor dem Namen irgendeinen Doktortitel trug. Dieser Weg bis zur Universität war nun ziemlich lang und keineswegs rosig. Fünf Jahre Volksschule und acht Jahre Gymnasium mußten auf hölzerner Bank durchgesessen werden, täglich fünf bis sechs Stunden, und in der freien Zeit die Schulaufgaben bewältigt und überdies noch, was die ›allgemeine Bildung‹ forderte neben der Schule, Französisch, Englisch, Italienisch, die ›lebendigen‹ Sprachen neben den klassischen Griechisch und Latein – also fünf Sprachen zu Geometrie und Physik und den übrigen Schulgegenständen. Es war mehr als zuviel und ließ für die körperliche Entwicklung, für Sport und Spaziergänge fast keinen Raum und vor allem nicht für Frohsinn und Vergnügen. Dunkel erinnere ich mich, daß wir als Siebenjährige irgendein Lied von der ›fröhlichen, seligen Kinderzeit‹ auswendig lernen und im Chor singen mußten. Ich habe die Melodie dieses einfach-einfältigen Liedchens noch im Ohr, aber sein Text ist mir schon damals schwer über die Lippen gegangen und noch weniger als Überzeugung ins Herz gedrungen. Denn meine ganze Schulzeit war, wenn ich ehrlich sein soll, nichts als ein ständiger gelangweilter Überdruß, von Jahr zu Jahr gesteigert durch die Ungeduld, dieser Tretmühle zu entkommen. Ich kann mich nicht besinnen, je ›fröhlich‹ noch ›selig‹ innerhalb jenes monotonen, herzlosen und geistlosen Schulbetriebs gewesen zu sein, der uns die schönste, freieste Epoche des Daseins gründlich vergällte, und ich gestehe sogar, mich heute noch eines gewissen Neides nicht erwehren zu können, wenn ich sehe, um wieviel glücklicher, freier, selbständiger sich in diesem Jahrhundert die Kindheit entfalten kann. Noch immer kommt es mir unwahrscheinlich vor, wenn ich beobachte, wie heute Kinder unbefangen und fast au pair mit ihren Lehrern plaudern, wie sie angstlos statt wie wir mit einem ständigen Unzulänglichkeitsgefühl zur Schule eilen, wie sie ihre Wünsche, ihre Neigungen aus junger, neugieriger Seele in Schule und Haus offen bekennen dürfen – freie, selbständige, natürliche Wesen, indes wir, kaum daß wir das verhaßte Haus betraten, uns gleichsam in uns hineinducken mußten, um nicht mit der Stirn gegen das unsichtbare Joch zu stoßen. Schule war für uns Zwang, Öde, Langeweile, eine Stätte, in der man die ›Wissenschaft des nicht Wissenswerten‹ in genau abgeteilten Portionen sich einzuverleiben hatte, scholastische oder scholastisch gemachte Materien, von denen wir fühlten, daß sie auf das reale und auf unser persönliches Interesse keinerlei Bezug haben konnten. Es war ein stumpfes, ödes Lernen nicht um des Lebens willen, sondern um des Lernens willen, das uns die alte Pädagogik aufzwang. Und der einzige wirklich beschwingte Glücksmoment, den ich der Schule zu danken habe, wurde der Tag, da ich ihre Tür für immer hinter mir zuschlug.

Nicht daß unsere österreichischen Schulen an sich schlecht gewesen wären. Im Gegenteil, der sogenannte ›Lehrplan‹ war nach hundertjähriger Erfahrung sorgsam ausgearbeitet und hätte, wenn anregend übermittelt, eine fruchtbare und ziemlich universale Bildung fundieren können. Aber eben durch die akkurate Planhaftigkeit und ihre trockene Schematisierung wurden unsere Schulstunden grauenhaft dürr und unlebendig, ein kalter Lernapparat, der sich nie an dem Individuum regulierte und nur wie ein Automat mit Ziffern ›gut, genügend, ungenügend‹ aufzeigte, wieweit man den ›Anforderungen‹ des Lehrplans entsprochen hatte. Gerade aber diese menschliche Lieblosigkeit, diese nüchterne Unpersönlichkeit und das Kasernenhafte des Umgangs war es, was uns unbewußt erbitterte. Wir hatten unser Pensum zu lernen und wurden geprüft, was wir gelernt hatten; kein Lehrer fragte ein einziges Mal in acht Jahren, was wir persönlich zu lernen begehrten, und just jener fördernde Aufschwung, nach dem jeder junge Mensch sich doch heimlich sehnt, blieb vollkommen aus. [...] Alles, was uns heute als beneidenswerter Besitz erscheint, die Frische, das Selbstbewußtsein, die Verwegenheit, die Neugier, die Lebenslust der Jugend, galt jener Zeit, die nur Sinn für das ›Solide‹ hatte, als verdächtig. [...]

Einzig aus dieser sonderbaren Einstellung ist es zu verstehen, daß der Staat die Schule als Instrument zur Aufrechterhaltung seiner Autorität ausbeutete. Wir sollten vor allem erzogen werden, überall das Bestehende als das Vollkommene zu respektieren, die Meinung des Lehrers als unfehlbar, das Wort des Vaters als unwidersprechlich, die Einrichtungen des Staates als die absolut und in alle Ewigkeit gültigen. Ein zweiter kardinaler Grundsatz jener Pädagogik, den man auch innerhalb der Familie handhabte, ging dahin, daß junge Leute es nicht zu bequem haben sollten. Ehe man ihnen irgendwelche Rechte zubilligte, sollten sie lernen, daß sie Pflichten hatten und vor allem die Pflicht vollkommener Fügsamkeit. Von Anfang an sollte uns eingeprägt werden, daß wir, die wir im Leben noch nichts geleistet hatten und keinerlei Erfahrung besaßen, einzig dankbar zu sein hatten für alles, was man uns gewährte, und keinen Anspruch, etwas zu fragen oder zu fordern. Von frühester Kindheit an wurde in meiner Zeit diese stupide Methode der Einschüchterung geübt. [...]

Stefan Zweig: Die Welt von Gestern. Erinnerungen eines Europäers. Fischer, Frankfurt a. M. 1970, S. 44–46, 51. Ausschnitte.

2. Friedrich Nietzsche: [Kritik an der bildungsbürgerlichen Jugenderziehung]

(1874)

[...] Die deutsche Jugenderziehung geht aber gerade von diesem falschen und unfruchtbaren Begriffe der Kultur aus: Ihr Ziel, recht rein und hoch gedacht, ist gar nicht der freie Gebildete, sondern der Gelehrte, der wissenschaftliche Mensch, und zwar der möglichst früh nutzbare wissenschaftliche Mensch, der sich abseits von dem Leben stellt, um es recht deutlich zu erkennen; ihr Resultat, recht empirisch-gemein angeschaut, ist der historisch-ästhetische Bildungsphilister, der altkluge und neuweise Schwätzer über Staat, Kirche und Kunst, das Sensorium für tausenderlei Anempfindungen, der unersättliche Magen, der doch nicht weiß, was ein rechtschaffner Hunger und Durst ist. Daß eine Erziehung mit jenem Ziele und mit diesem Resultate eine widernatürliche ist, das fühlt nur der in ihr noch nicht fertig gewordene Mensch, das fühlt allein der Instinkt der Jugend, weil sie noch den Instinkt der Natur hat, der erst künstlich und gewaltsam durch jene Erziehung gebrochen wird. Wer aber diese Erziehung wiederum brechen will, der muß der Jugend zum Worte verhelfen, der muß ihrem unbewußten Widerstreben mit der Helligkeit der Begriffe voranleuchten und es zu einem bewußten und laut redenden Bewußtsein machen. Wie erreicht er wohl ein so befremdliches Ziel?

Vor allem dadurch, daß er einen Aberglauben zerstört, den Glauben an die *Notwendigkeit* jener Erziehungs-Operation. Meint man doch, es gäbe gar keine andre Möglichkeit als eben unsre jetzige höchst leidige Wirklichkeit. Prüfe nur einer die Literatur des höheren Schul- und Erziehungswesens aus den letzten Jahrzehnten gerade daraufhin: Der Prüfende wird zu seinem unmutigen Erstaunen gewahr werden, wie gleichförmig bei allen Schwankungen der Vorschläge, bei aller Heftigkeit der Widersprüche die gesamte Absicht der Erziehung gedacht wird, wie unbedenklich das bisherige Ergebnis, der ›gebildete Mensch‹, wie er jetzt verstanden wird, als notwendiges und vernünftiges Fundament jeder weiteren Erziehung angenommen ist. So aber würde jener eintönige Kanon ungefähr lauten: Der junge Mensch hat mit einem Wissen um die Bildung, nicht einmal mit einem Wissen um das Leben, noch weniger mit dem Leben und Erleben selbst zu beginnen. Und zwar wird dieses Wissen um die Bildung als historisches Wissen dem Jüngling eingeflößt oder eingerührt; das heißt, sein Kopf wird mit einer ungeheuren Anzahl von Begriffen angefüllt, die aus der höchst mittelbaren Kenntnis vergangner Zeiten und Völker, nicht aus der unmittelbaren Anschauung des Lebens abgezogen sind. Seine Begierde, selbst etwas zu erfahren und ein zusammenhängend lebendiges System von eignen Erfahrungen in sich wachsen zu fühlen – eine solche Begierde wird betäubt und gleichsam trunken gemacht, nämlich durch die üppige Vorspiegelung, als ob es in wenig Jahren möglich sei, die höchsten und merkwürdigsten Erfahrungen alter Zeiten, und gerade der größten Zeiten, in sich zu summieren. [...]

Friedrich Nietzsche: Vom Nutzen und Nachteil der Historie für das Leben. Reclam Verlag, Ditzingen 1982, S. 102–104. Ausschnitt.

3. Ingeborg Weber-Kellermann: Die kleinbürgerliche Familie in der zweiten Hälfte des 19. Jahrhunderts

(1974)

[...] Für die Rolle der Frau und Mutter ergab sich eine völlig neue Situation. Innerhalb der großen Haushaltsfamilie war sie entscheidend in deren arbeitsteilige Wirtschaftsordnung integriert gewesen – als Verkäuferin der fertigen Ware (Bäcker, Konditor, Schneider), als Rechnungsführerin, Kundenvermittlerin, Betreuerin der Lehrlinge usw. –, auf dem Lande als bäuerliche Hauswirtin mit allen ihren Arbeits- und Wirtschaftsfunktionen. Nun aber erfuhr ihr Funktionsbereich mit der Trennung von Arbeits- und Wohnstätte zunächst einmal eine gewaltige Reduktion. Sie wurde zurückgedrängt auf das eigene, in sich abgeschlossene Heim.

Die drei großen K: Kirche – Küche – Kinder, die als die Lebenswelt der Bürgersfrau gepriesen und gescholten werden, beginnen hier zu Beginn des 19. Jahrhunderts ausschließliche Bedeutung zu erlangen. [...]
Viele Einflüsse wirkten mit an dem Bild der bürgerlichen Familie, das seit dem 19. Jahrhundert so eindringlich das gesellschaftliche Leben gefärbt hat. Da waren zunächst die neuen wirtschaftlichen Bedingungen. Abgeschlossen von der beruflichen und politischen Lebenswelt ihres Mannes, widmete sich die Frau den Hausgeschäften, und zwar vornehmlich als Verbraucherin. Denn es bleibt festzuhalten, daß sich die Familie, die innerhalb des alten ›oikos‹, des großen Haushaltes, weitgehend auch im Besitz eigener Produktionsmittel gewesen war, zu einer Familie des Konsums wandelte und daß es von nun an zu ihrer wesentlichen Funktion gehörte, diesen Konsum zu gestalten, nachdem die Produktion von den verschiedenen Institutionen der Wirtschaft übernommen wurde.
Waren also auf dem Gebiet der wirtschaftlichen Produktion die Funktionen weitgehend aus der Familie hinausverlagert, so galt das in gleichem Maße auch für die institutionalisierten Formen der Erziehung in Form der allgemeinen Schulpflicht und der ständig wachsenden Zahl von Bürgerschulen. Damit erlitt die Familie einen Schwund ihrer Erziehungs-, Ausbildungs- und Sozialisationsfunktionen.
Als Folge der häuslichen Zurückgezogenheit der bürgerlichen Frau und ihrer wachsenden Entmündigung im öffentlichen Leben ergab sich aber nun im Ausgleich eine unerwartete sentimentale Auffüllung des innerfamiliären Bereiches, wie sie das Biedermeier entschieden auszeichnet und charakterisiert. Die Gedanken der Ehe als einer geistigen und gefühlsmäßigen Gemeinschaft, der Familie als Ort für die Erziehung des Menschen zu einem sozialkulturellen Wesen waren Produkte jener Epoche. Auf ihrem Grunde wuchs das 19.-Jahrhundert-Leitbild der Bürgerfamilie als gutsituierte Kleinfamilie, in welcher der Vater die gesellschaftliche Stellung bestimmte, die Mutter die Häuslichkeit gestaltete, beide verbunden in ehelicher Liebe (was immer das auch sein mochte), verbunden im Interesse an der

Aufzucht wohlgeratener und wohlerzogener Kinder, die sich bei Berufs- und Gattenwahl nach den Wünschen der Eltern zu richten hatten. – Dieses Leitbild wurde immer mächtiger, immer fixierter und statischer, je stärker sich die tragende Schicht des Bürgertums entfaltete und je mehr sich nun wiederum die Kirche an seiner Prägung beteiligte. [. . .]

Ingeborg Weber-Kellermann: Die deutsche Familie. Versuch einer Sozialgeschichte. Suhrkamp, Frankfurt a. Main 1974, S. 102, 106 f. Ausschnitte.

4. Frank Wedekind: Aufklärungen

(1910)

[. . .] Infolge von Unglücksfällen aller Art, Selbstmorden usw. drängt sich uns seit einigen Jahren das Problem der sexuellen Aufklärung der Jugend auf.

Unsere Jugend hat es nun aber meiner Ansicht nach gar nicht in erster Linie nötig, sexuell aufgeklärt zu werden. Eine genauere Aufklärung über Vorgänge und vor allen Dingen Gefahren der Sexualität hat nicht die Schule, sondern das Haus zu besorgen. Das Haus, die Familie aber hat die heranwachsende Jugend vor allem darüber aufzuklären, daß es in der Natur überhaupt gar keine unanständigen Vorgänge gibt, sondern nur nützliche und schädliche, vernünftige und unvernünftige. Daß es in der Natur aber unanständige Menschen gibt, die über diese Vorgänge nicht anständig reden oder die sich bei diesen Vorgängen nicht anständig benehmen können.

Warum? Weil es ihnen an Bildung, an geistiger Freiheit fehlt.

Die Jugend wächst nicht in angeborener Dummheit und Blindheit heran. Ein wahnwitziges Verbrechen ist es hingegen, die Jugend systematisch zur Dummheit und Blindheit ihrer Sexualität gegenüber anzulernen und zu erziehen, sie systematisch auf den Holzweg zu führen.

Dieses Verbrechen ist in den letzten hundert Jahren bei uns allgemein in Schule und Haus begangen worden. Und aus welchem Grunde wurde dieses Verbrechen begangen? Aus Furcht, daß ernste Gespräche über Erotik und Sexualität der heranwachsenden Jugend Schaden zufügen könnten.

Diese Befürchtung ist das Ergebnis einer großen Selbsttäuschung. Die Eltern vermieden solche Gespräche nicht etwa, wie sie sich einredeten, aus Furcht, ihren Kindern damit zu schaden, sondern weil sie selber unter sich über erotische Fragen nicht sprechen konnten, weil sie ernst darüber zu sprechen nicht gelernt hatten. [. . .]

Und warum konnten die Eltern unter sich so lange Zeit nicht frei und offen über sexuelle Fragen sprechen? Warum war die Erörterung dieser Fragen im Familienleben schlechtweg und allgemein als unanständig ausgeschaltet?

Weil solche Gespräche häufig und ganz unvorhergesehen zu den allerpeinlichsten Streitigkeiten führten. [. . .]

Und warum entstanden solche Streitigkeiten? Weil sich ein solches Gespräch auf Empfindungsgebieten bewegt, auf denen sich die Menschen, Mann oder Weib, besonders wenn sie zusammenleben, am leichtesten verletzt, auf Empfindungsgebieten, auf denen sie niemandem, zu allerletzt dem eigenen Gatten Rechenschaft zu stehen Lust haben. Als solche Empfindungsgebiete erwähne ich nur ganz beispielsweise: Die körperlich-sinnlichen Reize des Weibes, die körperliche Gesundheit und Ausdauer des Mannes.

[. . .] So leicht und oft am Urbeginn einer Familienzusammengehörigkeit gerüttelt wird, so selten und ungern wird über ihren Urbeginn gesprochen. Gespräche darüber sind wegen des unerquicklichen Verlaufes, den sie zu nehmen pflegen, als ungehörig ausgeschlossen. Fragt jemand nach dem Grunde, dann wird er zurechtgewiesen: Es ziemt sich nicht. Es schickt sich nicht. Es gehört sich nicht. Und fragt er: Warum es sich nicht gehört? Weil es unanständig ist.

[. . .] Davor, daß die Urbedingungen unseres Zusammenlebens ernst erörtert werden, braucht niemand, der seine einmal errungene Stellung behaupten will, zu erzittern. Diese Erörterungen können aber jedem von uns über die Furcht oder Scheu vor allerhand Feinden und Gefahren hinweghelfen, die nur in unserer Einbildung bestehen.

Denn auf keinem andern Gebiete wuchert so viel Aberglauben, auf keinem andern Gebiete gehen so viele böse Geister unter uns umher, um uns zu den widersinnigsten Tollheiten zu verleiten, wie auf dem der Erotik und der Sexualität.

[. . .] Der erste Ertrag der sexuellen Aufklärung der Jugend wird sich dann darin zeigen, daß sich die Eltern einmal in sexueller Beziehung, so komisch das klingen mag, klarwerden. Daß wir nicht mehr für unanständig halten, was nicht nur den allerfeinsten, allerabgeklärtesten Anstand erfordert, sondern was zugleich neben unserem Broterwerb vielleicht das allerwichtigste Gebiet unseres irdischen Daseins repräsentiert.

Nachher werden wir dann auch ohne Schwindelanfälle und Herzbeklemmungen ermessen können, wie wenig oder wie viel wir Kindern davon mitteilen können, die sich in ihrer Unwissenheit innig danach sehnen, ernst und ehrfurchtsvoll über ihre eigenen Uranfänge sprechen zu hören.

Frank Wedekind: Werke in drei Bänden. Prosa, hrsg. von Manfred Hahn. Aufbau-Verlag, Berlin und Weimar 1969, S. 233–237. Ausschnitte.

II. Selbstdeutungen des Autors

1. Frank Wedekind: [Brief an einen Kritiker]

Zürich, 5. XII. 1891

Sehr geehrter Herr!

Gestatten Sie mir, Ihnen mit gleicher Post eine Arbeit, ›Frühlingserwachen‹, vorzulegen, in der ich die Erscheinungen der Pubertät bei der heranwachsenden Jugend poetisch zu gestalten suchte, um denselben wenn möglich bei Erziehern, Eltern und Lehrern zu einer humaneren rationelleren Beurteilung zu verhelfen. Inwieweit es mir gelungen, den an sich düstern Stoff in ein erträgliches Licht zu stellen, entzieht sich meinem Ermessen. Ihrer hochgeschätzten Kritik wäre ich aufrichtig zu Dank verpflichtet, wenn sie sich dazu verstände, meinen Intentionen und der Art und Weise sie zu verfolgen ihre geehrte Aufmerksamkeit zu schenken.

Indem ich Sie nochmals ersuche, die Versicherung meiner vorzüglichen Hochachtung zu genehmigen

Mit ergebenstem Gruß Fr. Wedekind

Frank Wedekind: Werke in drei Bänden. Prosa, hrsg. von Manfred Hahn. Aufbau-Verlag, Berlin und Weimar 1969, S. 452f.

2. Frank Wedekind: [Brief an Fritz Basil]

Berlin, 3. I. 1907

Lieber verehrter Freund!

Zuerst meinen Dank dafür, daß Du ›Frühlings Erwachen‹ auf der Bühne bringen willst. Ich habe eben das Personenverzeichnis an Ruederer geschickt und werde morgen für Absendung des Soufflierbuches sorgen.

Darf ich nur auf etwas von vornherein hinweisen. Ich wurde hier in Berlin erst zur 10. Probe zugelassen und fand da eine leibhaftige wirkliche Tragödie mit den höchsten dramatischen Tönen vor, in der der Humor gänzlich fehlte. Ich tat dann mein möglichstes, um den Humor zur Geltung zu bringen, ganz besonders in der Figur der Wendla, in allen Szenen mit ihrer Mutter, auch in der letzten, das Intellektuelle, das Spielerische zu heben und das Leidenschaftliche zu dämpfen, auch in der Schlußszene auf dem Kirchhof. Ich glaube, daß das Stück um so ergreifender wirkt, je harmloser, je sonniger, je lachender es gespielt wird. So vor allem der Monolog von Moritz, Schluß vom 2. Akt, den ich bis auf den Schluß durchaus lustig sprechen ließ. Ich glaube, daß das Stück, wenn die Tragik und Leidenschaftlichkeit betont wird, leicht *abstoßend* wirken kann.

Du verzeihst mir, lieber Freund, daß ich Dir diese Bemerkungen als Ergebnis der hiesigen Einstudierung mitteile. Ich bin sonst ganz sicher, Dich auf der Seite des Lustigen, Witzigen gegenüber dem Humorlosen zu wissen. Aber dann wären sicher Leute gekommen, die Dir vorgeworfen hätten, Du hättest mich mißverstanden.

Mit den herzlichsten Grüßen an Dich und alle unsere Freunde und Freundinnen bin ich Dein dankbarer Schüler

Frank Wedekind

Frank Wedekind: Werke in drei Bänden. Prosa, s. o., S. 580 f.

3. Frank Wedekind: [Vorrede zu ›Oaha‹]

(1909)

[. . .] Hat sie [die Kritik] vor zwanzig Jahren gewußt, was mein ›Frühlings Erwachen‹ war? Im Gegenteil, von dem unparteiischen Humor, den ich in sämtlichen Szenen des Stückes, eine einzige ausgenommen, mit vollem Bewußtsein zu Wort kommen ließ, hat diese Kritik auch heute noch nicht die leiseste Ahnung. Diesen Mangel an Verständnis möchte ich den Herren indessen gar nicht so schwer anrechnen. Ein Lump tut mehr, als er kann. Was können sie für die grauenvolle Humorlosigkeit, die unsere naturalistische Schulfexerei als Erbe hinterlassen. In meinem Theater, sagte mir ein berühmter Berliner Theatermagnat, darf nur gelacht werden, wenn durch Gelächter auf der Bühne dem Publikum das Zeichen dafür gegeben wurde. Und der Humor, mit dem ich mein ›Frühlings Erwachen‹ durchtränkte, hat bei meinem Publikum bis heute noch ebensowenig Würdigung gefunden wie bei der Kritik. Zehn Jahre lang, von 1891 bis etwa 1901, wurde das Stück allgemein, die wenigen, die es zu schätzen wußten, ausgenommen, für eine unerhörte Unflätigkeit gehalten. Seit etwa 1901, vor allem seitdem Max Reinhardt es auf die Bühne brachte, hält man es nun für eine bitterböse, steinernste Tragödie, für ein Tendenzstück, für eine Streitschrift im Dienste der sexuellen Aufklärung, und was der spießbürgerlich pedantischen Schlagworte mehr sind. Nimmt mich wunder, ob ich es noch erleben werde, daß man das Buch endlich für das nimmt, als was ich es vor zwanzig Jahren geschrieben habe, für ein sonniges Abbild des Lebens, in dem ich jeder einzelnen Szene an unbekümmertem Humor alles abzugewinnen suchte, was irgendwie daraus zu schöpfen war. Nur als Peripetie des Dramas fügte ich des Kontrastes wegen eine allen Humors bare Szene ein: Herr und Frau Gabor im Streit um das Schicksal ihres Kindes. Hier, kann ich meinen, müsse der Spaß aufhören. Als Vorbild hatte mir dazu die Szene ›Trüber Tag, Feld‹ im I. Teil des ›Faust‹ gedient. [...]

Frank Wedekind: Werke in drei Bänden. Prosa, s. o., S. 364. Ausschnitt.

4. Frank Wedekind: Frühlings Erwachen (1890/91)

(1911)

I

Ich begann zu schreiben ohne irgendeinen Plan, mit der Absicht zu schreiben, was mir Vergnügen macht. Der Plan entstand nach der dritten Szene und setzte sich aus persönlichen Erlebnissen oder Erlebnissen meiner Schulkameraden zusammen. Fast jede Szene entspricht einem wirklichen Vorgang. Sogar die Worte: »Der Junge war nicht von

mir«, die man mir als krasse Übertreibung vorgeworfen, fielen in Wirklichkeit.
Während der Arbeit bildete ich mir etwas darauf ein, in keiner Szene, sei sie noch so ernst, den Humor zu verlieren. Bis zur Aufführung durch Reinhardt galt das Stück als reine Pornographie. Jetzt hat man sich dazu aufgerafft, es als trockenste Schulmeisterei anzuerkennen. Humor will noch immer niemand darin sehen.
Es widerstrebte mir, das Stück, ohne Ausblick auf das Leben der Erwachsenen, unter Schulkindern zu schließen. Deshalb führte ich in der letzten Szene den Vermummten Herrn an. Als Modell für den aus dem Grab gestiegenen Moritz Stiefel, die Verkörperung des Todes, wählte ich die Philosophie Nietzsches.

II Vorbemerkung zur Bühnenbearbeitung

›*Die Post*‹ (Berlin) vom 5. Juli 1912 schreibt:
Frank Wedekind und das Oberverwaltungsgericht. Im letzten ›Preußischen Verwaltungsblatt‹ wird die Entscheidung des Oberverwaltungsgerichts abgedruckt, die am 29. Februar d. J. in der Klage wegen eines Aufführungsverbotes von Wedekinds ›Frühlingserwachen‹ gefällt wurde. Das vom Regierungspräsidenten erlassene Verbot wurde *aufgehoben,* weil gegenüber dem *ernsten Inhalt* und der *ernsten Wirkung* des ganzen Stückes die anstößigen Stellen weit zurücktreten »und somit die Grenzen des im polizeilichen Sinne Zulässigen nicht überschreiten«. Nicht nur das verständnisvolle Urteil des Oberverwaltungsgerichts überrascht, sondern auch die sachliche Begründung der Entscheidung, in der der Inhalt des viel angefeindeten Stückes erzählt wird. Der jetzt allgemein eintretende Umschlag zugunsten des Dichters muß vermerkt werden, da er auf ein besseres Verständnis für Wedekinds schonungslos um Wahrheit ringendes Schaffen hindeutet. Wir geben das Urteil, die *amtliche Darstellung des Inhaltes,* nachstehend wieder:
»Der Inhalt des Stückes läßt sich dahin zusammenfassen: Es wird dargestellt, wie auf junge, in dem Alter der begin-

nenden Geschlechtsreife stehende naive Personen die realen Mächte des Daseins einwirken; vornehmlich ihr eigener, erwachender Geschlechtssinn und die Anforderungen des Lebens, insbesondere der Schule. Sie erliegen in dem sich entwickelnden Kampfe vor allem deshalb, weil ihre berufenen Leiter, die Eltern und Lehrer, nach der Auffassung des Dichters in weltfremdem Unverstand und aus Prüderie es unterlassen, sie zu belehren und ihnen verständnisvoll helfend die Wege zu weisen. Wendla Bergmann geht unter, weil trotz ihrer Bitte die Mutter es unterläßt, sie über die menschlichen Geschlechtsverhältnisse aufzuklären. Moritz Stiefel, in Verwirrung gebracht durch die Regung seiner beginnenen Pubertät, durch seine Zweifel über Entstehung und Zweck der Menschen und nicht zuletzt durch die sexuellen Belehrungen seines Freundes, wird erdrückt durch die Aufgaben der Schule, die er nicht erfüllen kann, deren Erfüllung aber der nur hierauf gerichtete strenge Sinn seines Vaters von ihm fordert. Melchior Gabor geht nur deshalb nicht zugrunde, weil er Verständnis für das, in einer Personifikation, als Vermummter Herr auftretende reale Leben gewinnt und sich von diesem mitziehen läßt. So aufgefaßt, läßt sich dem Stück im ganzen nach seiner Tendenz und seinem Inhalt der Charakter eines ernsten Stückes nicht absprechen; es behandelt ernste, vielfach im Vordergrunde des Interesses stehende Erziehungsprobleme und sucht zu diesen Stellung zu nehmen. Es ist nicht erkennbar, daß da, wo sittenwidrige Handlungen dargestellt werden, dies geschieht, um sie als etwas Erlaubtes oder Nachahmenswertes hinzustellen, oder gar um die Lüsternheit der Zuschauer anzuregen oder zu befriedigen. Das Theaterpublikum wird sich dem rein menschlichen Mitgefühl für das tragische Geschick der Hauptpersonen und dem Interesse für den Gang der Handlung und die darin behandelten Probleme nicht entziehen können. Jedenfalls ist nicht abzusehen, inwiefern die Zuhörer daraus eine Anregung zu eigenem sitten- oder polizeiwidrigen Verhalten empfangen sollten.«

Frank Wedekind: Werke in drei Bänden. Prosa, s. o., S. 338–340.

III. ›Frühlings Erwachen‹ – ein Drama der offenen Form

Volker Klotz: [Offene Form des Dramas: Handlung, Personen, Sprache]

(1969)

[Handlung]

[. . .] Die Handlung des offenen Dramas hingegen verzichtet auf Exposition. Es bedarf keiner Vorgeschichte, denn durch keinerlei Raum- und Zeitbeschränkung gehemmt, vermag das Drama während seines Verlaufs alles direkt zu zeigen. Die Notwendigkeit einer Entwicklung, die in mannigfachen Auf- und Abwärtsbewegungen den Helden dorthin bringt, wo er am Ende erst anzulangen hat, entfällt, da jede Szene schon indirekt in ihrer Konstellation das Ende involviert. Was dem Drama vorausgeht, hat als Fabel keinen Einfluß auf das, was im Drama sich abspielt, es begründet nichts und schränkt nichts ein. Schon die Konstellation der ersten Szene zeigt die beiden Kampfpartner: persona dramatis und Welt. Was geschehen *kann,* ist in ihr schon enthalten, was im einzelnen geschehen *wird* – Ausmaß, Intensität, Konsequenzen –, wird in den folgenden Szenen deutlich. [. . .]
Ebensowenig wie das Drama als Ganzes kennen die einzelnen Szenen Exposition und Entwicklung. Immer wieder drängt sich ihr Ausschnittscharakter hervor, sie sind nicht dienender Teil, untergeordnetes Glied, sondern bezeichnendes Stück, herausgebrochen, herausgestückelt aus einem großen Ganzen, das schon lange vor Aufgang des Vorhangs begann, das zu rekapitulieren jedoch unnötig ist, da es, entwicklungslos, nichts böte, was nicht auch offen in den Szenen sich ereignete. Dies herausgebrochene Stück, die Szene, ist an seinen Rändern, seinen Konturen nicht geglättet, so daß es etwa, um im Bild zu bleiben, als sauberer Kubus lückenlos an seinen vorausgehenden und nach-

folgenden Szenenkubus sich anschlösse, nein, die Ränder sind gezackt und rissig. Die Szenen beginnen häufig mit dem auslaufenden Ende eines angebrochenen pantomimischen Tuns, mit Frage- und Ausrufesätzen, hochgespannter Syntax, wobei Grund und Weg zu dieser Hochspannung im Dunkel des Außerszenischen bleiben. Ebenso abrupt brechen die Szenen ab, oft mitten im Satz, mitten im Tun. Diskontinuität herrscht in der Szenenfolge: Nicht nur, daß Zeit- und Geschehnisspannen zwischen den einzelnen Szenen ausgespart sind, auch die Bewegung von einer Szene zur nächsten ist ein Springen von Ort zu Ort, von Begebenheit zu Begebenheit. [. . .]

[Personen]

Die Personen des geschlossenen Dramas haben nicht nur Größe, sie gehören nicht nur der Sphäre gesellschaftlicher Höhe und Exklusivität an – sie sind auch in sich geschlossene, selbstbewußte Menschen. Sie bleiben stets bei sich, sie verletzen nie die Gesetze einer mündigen Persönlichkeit. [. . .] Das offene Drama kennt das unausgesprochene Gebot der Mündigkeit, der geschlossenen Persönlichkeit nicht. Seine Personen sind nicht alle oder nicht immer im vollen Bewußtsein ihrer selbst. Vielen fehlt insgesamt oder zeitweise die Reife und Vollendung zur Person, ohne die sie im geschlossenen Drama als Handelnde oder Leidende überhaupt nicht als vollwertig zählten. Viele sind, vom geschlossenen Drama her gesehen, unfertige Menschen, Personenfragmente, und gerade dieser Umstand, der sie aus dem Personal des andern Dramentypus ausschiede, ist im offenen Drama mit ein entscheidender Anlaß für das, was ihnen widerfährt.
Die Hauptpersonen in ›Frühlingserwachen‹ sind Kinder in einer besonders fragilen Phase ihrer Entwicklung. Es sind unfertige, in hohem Maße unbestimmte, unentschiedene Menschen. Ihre personelle Einmaligkeit ist noch nicht profiliert. Ihr Verhalten entspringt mindestens im gleichen Ausmaß der kollektiven Gemeinsamkeit mit ihren Altersgenossen in gleicher Lage wie ihrem individuellen Kern.

Doch gerade auf diese Angriffsfläche ihrer Unfertigkeit wirkt ihr Schicksal ein, an ihrer personellen Unmündigkeit entzündet sich die Tragik. [. . .]

[Sprache]

In ›Frühlingserwachen‹ stoßen die Sprache der verwirrten, noch unreifen Jugend, die Sprache der erwachsenen Vernunft (Frau Gabor, der vermummte Herr) und der verknöcherte Kanzleistil des Lehrerkollegiums aufeinander. [. . .]
In all diesen Fällen sprechen die Personen eine Sprache, die nicht *ihre* Sprache ist. Sie sprechen verstellt, sie parodieren gewollt oder ungewollt das Gesagte, indem sie eine Rolle annehmen, die ihnen nicht paßt. [. . .] Ironisch spottend, pathetisch philosophierend, unsinnig predigend, bleiben sie nicht im eigenen Sprachbereich, sie gehen fremd, sie bedienen sich eines Idioms, das sie nicht beherrschen. Ihr Verhältnis zur Sprache ist ein völlig anderes als das der Personen im geschlossenen Drama. [. . .] Wenn Marie und Melchior, die beide ein sehr unbewußtes Verhältnis zur Sprache haben, uneigentlich sprechen, so bestätigt das ihr Beherrschtsein von der Sprache: Die spottende Ironie, die sich spreizenden Weisheitsfloskeln sind nicht ihrem eigenen Sprachbereich autochthone Ausdrucksformen, sondern fremde Gewänder, die sie an andern einmal gesehen haben und in die sie nun hineinschlüpfen, ohne die Konsequenzen zu kennen. Melchior weiß sich in dem pathetischen Gewand nicht zu bewegen. [. . .]
Doch, wie wenig auch die Personen des offenen Dramas Herr sind über die Sprache – es bleibt das Faktum, daß durch die vielen Stilarten eine Fülle sich reibender Sprachbereiche zum Zug kommt, selbst wenn sie unvollkommen gehandhabt werden.
Eine der Handlungsstruktur entsprechende Sprachstreuung entsteht hier also sowohl durch die verschiedenen Standessprachen als auch durch das Neben-, Gegen- und Ineinander heterogener Stilarten, die jeweils einem bestimmten Wirklichkeitsverhältnis entsprechen. Und solche Gegensätzlichkeit der Stilart spielt sich nicht nur auf

größere Entfernung, etwa von Szene zu Szene, aus, im Sinne szenischer »Gegensatzgliederung« – es geht bis in die einzelne Szene hinein. [. . .]

Volker Klotz: Geschlossene und offene Form im Drama. Hanser Verlag, München 1969, S. 109 f., 137 f., 158 ff. Ausschnitte.

IV. Gesichtspunkte der Interpretation

1. Samuel Lublinski: [Wedekinds ›Frühlings Erwachen‹]

(1909)

[...] Frank Wedekind ist nämlich nicht nur ein Revolutionär der schon sattsam bekannten Art, sondern außerdem noch, mit Verlaub gesagt, ein greinendes altes Weib. Ich habe in meiner ›Bilanz der Moderne‹ ausführlich über Wedekinds Lebenswerk, die Lulu-Tragödien, berichtet und hätte mein damaliges Urteil höchstens nach der ästhetischen Seite hin einzuschränken. In Wahrheit ist Wedekind auch hier kein Menschenschöpfer gewesen, sondern einfach ein Parodist, der die impressionistische Technik für seine karikaturistischen Verzerrungen vortrefflich zu handhaben weiß. Diese Pointe, die knappe Linie und grelle Farbe des Impressionismus, dieser Surrogatstil mit einem Wort, hat aber doch nur im ›Simplizissimus‹ restlose Existenzberechtigung, und er muß für die heruntergekommenen Drang- und Sturmgeister unserer Tage als wohlfeiles Täuschungs- und Selbstbetrugsmittel herhalten. Es wäre lächerlich gewesen, wenn Wedekind mit einem hinreißenden und donnernden und weltbewegenden Pathos verkündet hätte: Nieder mit dem infamen Märchen vom Klapperstorch. Nieder mit diesem grauenhaften Vogel, und es lebe das Leben! Hätte er in solcher Weise von allen Kanzeln und auf allen Kreuzwegen gepredigt, so würden sich freilich die Sittlichkeitsvereine mit Bannflüchen gegen ihn gewappnet haben, während er von den Unbefangenen nicht als Revolutionär, sondern als komische Figur empfunden worden wäre. Nun aber schrieb er ›Frühlings Erwachen‹ in einem kecken und leichten, sprunghaft impressionistischen Stil. Alles ist auf die Linie und Pointe und gewaltsame Verkürzung eingestellt: So primitive Naturen, wie diese märchenhaft bornierten Oberlehrer und diese Eltern, die an der Fabel vom Storch mit sonderbarer Blindheit festhalten, gibt es sonst nur noch im Reich der Familienwitzblätter und einer ziemlich massiven Satire. Allein die beträchtliche Begabung des Poeten für die Karikatur läßt uns darüber hinwegsehen, weil es unter solchen Umständen Pedanterie wäre, Lebenswahrheit und eine reichere Fülle des Seelischen zu begehren. Auch war es ein Glück für die ästhetische Wirkung, daß Wedekind diese kecke Technik gerade dann festhielt, als es die Pubertätsnöte von halbwüchsigen Kindern darzustellen galt. Eine wirklich lebenswahre und psychologische oder plastische Gestaltung hätte kleinlich und widerwärtig zugleich gewirkt und die ästhetische Geringfügigkeit des Themas unbarmherzig enthüllt. Dagegen die impressionistische Andeutung, die mit malerisch-lyrischen Elementen geschickt durchsetzt ist, und eine rasche Folge von kaleidoskopartigen kleinen Bildern (impressionistische Reduzierung des naturalistischen Lebensausschnittes) sind vorzüglich geeignet, daß wir uns auf der Oberfläche von ganz jugendlichen und fast noch unschuldigen und doch schon wieder ahnungsvollen Empfindungen hin und her schaukeln, und es wird sogar ein Gefühl von Poesie erzeugt, das sich aber im Grundwesen viel weniger von der alten Eugenie Marlitt[1] und von der ›Gartenlaube‹ seligen Angedenkens unterscheiden dürfte, als man gemeinhin ahnt. Tante Marlitt hat sich inzwischen modernisiert und macht in ihrer Weise sogar Revolution, ohne ihre eingeborene Schwärmerei für die Sentimentalität des Backfisches verleugnen zu können. Um das Ergötzen der Situation zu erhöhen: Dieser perverse Pestalozzi[2] (ich will ihn nicht weiter mit einer Frau vergleichen) ist von einem Chorus von jugendlichen und sentimentalen Anhängern umringt, die sich für Himmelstürmer und Revolutionäre halten und sich an Schillers ›Räuber‹, an Goethes ›Faust‹ und an Shakespeare erinnert

(1)* Unterhaltungsschriftstellerin (1825–87), die in der Familienzeitschrift ›Gartenlaube‹ Romane und Erzählungen veröffentlichte.

(2)* Der Schweizer Johann Heinrich Pestalozzi (1746–1827) war ein bekannter Pädagoge, Sozialreformer und Dichter. Er vertrat eine zu seiner Zeit fortschrittliche Pädagogik.

fühlen. Sie liegen vor ihrem Abgott auf den Knieen, und sie glauben an eine neue Epoche des deutschen Dramas und womöglich der Kultur im Namen Frank Wedekinds.

Übrigens haben die jungen Leute vollkommen recht: Wedekind stammt von der Französischen Revolution ab, von Goethes ›Faust‹ und Schillers ›Räubern‹ und von Shakespeare. Nur ist bei ihm die Revolution auf den Hund gekommen und liegt in ihren letzten Zügen. Schiller kämpfte gegen den Staat und die Kultur des achtzehnten Jahrhunderts und stieß den Kriegsruf aus: in tyrannos. Frank Wedekind kämpft gegen unselige und stupide Schulmeister, gegen ›tyrannunculi‹, herzlich kleine Tyrannen, denen man allerdings, im Interesse der Kindererziehung, zeitweilig auf die Finger klopfen muß. Goethes Faust will die Schranken der menschlichen Erkenntnis durchbrechen, während Wedekinds Knaben und Mädchen mit einem ähnlichen Titanismus danach ringen, einem interessanten Geheimnis der Physiologie auf die Spur zu kommen. Endlich zerbrachen Goethe und Schiller in ihrer Frühzeit die strengen und schematischen Formen des französischen Dramas, um die ganze Fülle des Lebens, den Überreichtum der Erscheinung, in einer freien und regellosen, völlig entfesselten Szenenfolge einfangen zu können. Wedekind hat eine solche freie Form ebenfalls gebraucht, um solcher Fülle des Lebens – aus dem Wege zu gehen. Vielmehr: um einen armen und dürftigen Inhalt nicht in seinem vollen Umfang, sondern nur an der Oberfläche wiedergeben zu dürfen. Es ist wie Pol und Gegenpol der litterarischen Revolution: ihr Anfang und ihr Ausklang.

Das Drama ist zur Parodie heruntergekommen, oder zum Kostümstück, und es hat sich der neuen großen Aufgabe, die das Zeitalter ihm entgegenbrachte, nicht gewachsen gezeigt. Aus seiner Krise kann es nur herauskommen, wenn es mit dem ›revolutionären‹ Geist, nämlich mit der impressionistischen Willkür und auch mit der neuromantischen Mystik gründlich aufräumt. Es muß sich darauf besinnen, daß in eine dramatische Handlung starke und willensgewaltige und vernunftklare Menschen gehören, die ein Schicksal über sich haben müssen, das über Milieu und

Stimmung und Naturalismus in gleicher Weise hinauszuwachsen vermag.

Samuel Lublinski: Der Ausgang der Moderne, hrsg. von Gotthart Wunberg. Niemeyer Verlag, Tübingen 1976, S. 148–151. Ausschnitt.

2. Friedrich Gundolf: Frank Wedekind

(aus dem Nachlaß, 1848)

[...] ›Frühlings Erwachen‹ hat Wedekind mit 26 Jahren geschrieben, auf dem Übergang vom Jünglingstum zur Manneseinsicht. Die Gymnasiastenschwärmerei mit dem Staunen, Grauen und Ausbrechen wirkt darin nach und kämpft gegen den noch ungebrochenen Glauben eines Naturwissenschaftlers und Sozialisten an die Verbesserungsfähigkeit der Welt durch warnende Beispiele. Wedekinds dramatisches Frühwerk, ›Die junge Welt‹, zwei Jahre vorher geschrieben, entstammt demselben Fragenbereich, entbehrt aber der dichterischen Quellkraft, des jugendlichen Flaums, wodurch ›Frühlings Erwachen‹ alle realistisch gemeinten Dramen jener Zeit übertrifft, und bleibt eine trocken-bissige, empfindsam-steife Satire. Auch ›Frühlings Erwachen‹ sollte zunächst wohl eine Satire werden und engherzige Erziehungsmethoden blinder Eltern und dürrer Lehrer strafen und wandeln ... Vorurteile über das Wesen des Kindertums und seiner Triebnöte zerstören – eine Arbeit der dichterischen Wohlfahrtspflege, der gesellschaftlichen Aufklärung und der praktischen Humanität. [...]

Einige Reste der fratzenhaften Satire sind darin stecken geblieben, z. B. die Schulkonferenz der Lehrer Affenschmalz, Knochenbruch, Sonnenstich usw., oder der Medizinalrat Dr. von Brausepulver, der Wendla mit ins Grab hilft. Das gehört in die Witzblattliteratur, worin bestimmte Standesalbernheiten wie der Förster mit dem Dackel oder der Schwerenöter-Leutnant, die böse Schwiegermutter oder der zerstreute Professor typisch verulkt werden zum

Schaden der Individuen, die jeweils anders sind. Solche Hohnbilder sind oft lachwirksam, selten oder nie tragkräftig [. . .].
Wedekinds Erziehungssatire als solche ist heute [. . .] erledigt. [. . .] Sind die alten Mißstände verbessert oder durch neue ersetzt (und Insitutionen sind als solche immer notwendige Übel), dann kommt das Thesenstück zu den Akten und wartet auf die Wissenschaft. Wäre ›Frühlings Erwachen‹ nur, was Wedekind damit wahrscheinlich beabsichtigt hat, so würde es bei andern Pamphleten der Vorzeit verstauben. Doch unter dem Druck der grimmigen Sehnsucht sind ihm Gesichte gekommen, und die Tendenz hat die *Ideen* nicht erdrückt. Er hat die Gestalten der Schulkinder, deren Wachstum auf mannigfache Weise sich wehrt gegen die Zwangsanstalten geistigen und sittlichen Herkommens, beschworen, verzaubert und ermächtigt aus seinem animalischen Überschuß, der, nach außen gekehrt, geistige Kampflust zeitigte. Der Kampf*lust* dankt er bis in die Satire hinein das Pochen, Wittern und Schwellen des ungeduldigen Herzens. In dem Gespräch zwischen der Mutter Bergmann und ihrer Tochter Wendla über das Prinzeßkleidchen, in den Unterhaltungen der Schüler über ihre Schulaufgaben und über sexuelle Aufklärung ist ein wundersamer Wirrwarr leidenschaftlichen Grübelns aus der Not ihres Bluts und aus der Pflicht ihres noch unzulänglichen Intellekts. Die Verbiesterung vor Dingen, die nichts als Worte aus Büchern sind, und die ratlose Ahnung der Kräfte, die nach Sinn verlangen, nach Wachheit, und sich ungeschickt der schriftlichen Mittel bedienen zum Verderb ihrer lieblichen Unschuld . . . oder wenn die Mädchen ihre Schwärme bereden mit nebelhaften Schulbuchvorstellungen von Alexander und Sokrates, unfähig, ihr eigentliches Wissen aus Schoß und Herz zu decken mit dem Angelernten, Aufgezwungenen: Solche Wahrnehmungen sind Entdeckerfahrten in das dämmernde Zwischenreich zwischen Natur und Geist. Es sind Erweiterungen der Natur in den

---

(3)* An das Publikum gerichtete Nebenbemerkungen eines Schauspielers auf offener Szene.

Geist hinein, vermöge der Wedekind verliehenen Gabe, als wacher Mann noch kindlich-dumpf zu tasten. [...]

[...] Alle Figuren leben ebenso durch die stimmungssatte Raumsicht Wedekinds wie durch seine inbrünstige Mitfreude und -sorge. Als Zeitgenosse der Naturalisten hat er ein scharfes Auge für Gemächer und Gelände, als verschämter Romantiker die schwellende Sehnsucht nach Licht, Luft, Sonne und unfaßbarem Grauen, nach Frühling und Nacht. So ist er bewahrt vor dem bebrillten Gebossel der Wirklichkeitspedanten und vor dem wolkigen Geflatter der Spätromantik und wandelt Eindruck von Gemerktem in Atmosphäre von Durchlebtem, ohne daß man die Mittel als *gekonnte* Mittel in der Vision knarren hört (wie bei Arno Holz und manchen frühen Hauptmann-Werken). Er ist sparsam mit Bühnenanweisungen und bedurfte der Szenerien nicht. Ich habe die Szenen erwähnt, wo durch Aussage und Ton die dichterische Stimmung ganz vergegenwärtigt ist, unbelastet von Tendenzreden und -winken ad spectatores[3]. Die eine ist ein Albdruck von Grauen und Muff, worin es riecht und dampft von verzweifeltem Lachen, Schnauben und Keuchen: die Szene im Korrektionshaus, der knappe Raum, wo die Verlorenheit der verfrühten Brunst Mensch wird oder die Verworfenen durch ihr Bleiben und Fliehen Raum schaffen, schmieriges Gemäuer, rostige Gitter, knackende Möbel. Die andere der brütende Weinberg, Stätte und Ereignis zugleich des panischen Wachstums vor oder nach der Moral. Dazu kommt die Kirchhofszene in der raschelnden Novembernacht, wo Melchior dem kopflosen Moritz und dem vermummten Herrn an dem Grab seiner Wendla begegnet: ein Gespenster-Stelldichein zwischen Toten und Lebenden, das von den *Lebenden* Wedekinds überschwängliche, grabübersteigende Sinnensucht, Gegenwart noch im Un-Sein hat, und von den *Toten* die spukhafte Gier nach Da-Sein, Da-Sein, Da-Sein. [...]

Friedrich Gundolf: Frank Wedekind, aus dem Nachlaß hrsg. von Elisabeth Gundolf. Langen/Müller-Verlag, München 1954, S. 48–51, 58–60. Ausschnitte.

3. Manfred Hahn: [›Frühlings Erwachen‹ als Kritik an der bürgerlichen Gesellschaft]

(1969)

[. . .] Es gehört zu Wedekinds Stärken, seinen Einsichten originäre literarische Formen zu schaffen. Für seine und vieler Zeitgenossen Grunderfahrung, daß die bürgerliche Gesellschaft und natürlich-ursprüngliche Menschlichkeit unvereinbar sind, findet er den Typus der »Kindertragödie«. Mit ›Frühlings Erwachen‹ setzt eine Welle verschiedenartigster Kinder-, Jugend- und Schultragödien ein, von Max Halbes Drama ›Jugend‹ und Gerhart Hauptmanns ›Hanneles Himmelfahrt‹ bis zu berühmten Romanen des folgenden Jahrzehnts wie Emil Strauß' ›Freund Hein‹ oder Hermann Hesses ›Unterm Rad‹. Der literarische Typus, der Kinder- und Erwachsenenwelt gegeneinandersetzt und die Kinder an der Erwachsenenwelt zugrunde gehen läßt, kann erschütternde Anklagen gegen die bürgerlichen Lebensnormen aufnehmen, ohne sozialen, politischen Protest aussprechen zu müssen. [. . .]

Die Kindertragödie entdeckt diese Situation des Individuums an denen, die erst eigenständige Individuen werden wollen. Sie zeigt, wie schon im Werden die vielfältigen Möglichkeiten der menschlichen Natur von der bürgerlichen Gesellschaft, von einem übermächtigen normierten Gefüge erstickt werden. Sie kann die Schwierigkeiten des bürgerlichen Schriftstellers dieser Periode vermeiden, sozialpolitische Auseinandersetzungen darzustellen: Hier agieren nicht, wie im klassischen Dramentypus, Spieler und Gegenspieler zielstrebig gegeneinander; die Dramenhelden, die sich ihrer eigenen Individualität bewußt sind, wollen, handeln und sich – wie auch die Romanhelden eines Stendhal und Balzac – nur nach hartem Widerstand von der Gesellschaft niederschlagen lassen, sind durch Kinder ersetzt, die untergehen, nur weil sie in diese Gesellschaft hineinwachsen müssen. Die ›Erwachsenen‹ scheinen ihnen nicht feindlich gesinnt, lieben sie sogar, dennoch erleben alle diese Kinder, mögen sie auch verschiedene Schicksale haben, ihre Tragödie: Ihre kindlich-unschuldige natürliche Menschlichkeit wird von den gesellschaftlichen Normen mißachtet, deformiert, zerstört. [...]

Die Frontstellungen sind klar bezeichnet. Die Welt der Kinder wird von ursprünglicher, ›natürlicher‹ Menschlichkeit beherrscht, die Welt der Erwachsenen von der Praxis und Ideologie bürgerlichen Lebens. Beide sind unvereinbar, die bürgerliche Gesellschaft mordet alle Natürlichkeit, erstickt sie unter einem falschen Begriffs- und Wertungssystem gesellschaftlicher Normen. Mit ›gutem Gewissen‹ – wie die grotesk zugespitzten Satiren des dritten Aktes, vor allem die Konferenz- und die Begräbnisszene demonstrieren, ein ›gutes Gewissen‹, gegen das die Kindertragödie angeht, Grund genug, sie nicht zu spielen.

Die Fronten nur gegenüberzustellen, den Abglanz möglichen Glücks und die satirische Verurteilung der bürgerlichen Realität zu geben, ist nicht Wedekinds letztes Wort. Das Drama endet auf einer Ebene, die die elegische Klage um einen verlorenen Kindheitstraum vom ›natürlichen Leben‹, aber auch die satirische Anklage überschreitet. Diese Schlußszene ist die Schlüsselszene zu ›Frühlings Erwachen‹, zur weltanschaulichen Haltung, aus der heraus die Kindertragödie entsteht, erschließt auch die künstlerische Eigenart Wedekinds.

[...] Melchior soll ins Leben der Erwachsenen geführt werden, aber dieses mörderische Erwachsenenleben war im Drama in seiner ganzen erbärmlichen Unmenschlichkeit gezeigt worden. Nicht zufällig wird das ›Leben‹ nicht als Naturwesen personifiziert, es tritt als »vermummter Herr« in hocheleganter bürgerlicher Kleidung auf. Wedekind, der den vermummten Herrn selbst in Frack und Zylinder spielte, ist sachlich genug, das reale Leben als das bürgerliche Leben zu kennzeichnen. Dennoch verspricht der vermummte Herr, dem Wedekind sein Drama widmet, eine mannigfaltige, interessante Welt – aber nur für den, der stark genug zum Leben ist, als Lebens-Kämpfer mit dem Dasein und mit dem eigenen Zweifel fertig wird. Auf das Leben verzichten nur Lebensschwache wie Moritz. Aber: wie ›die Erwachsenen‹, die ›normalen‹ Bürger leben?

Die Szene gibt die Grundhaltung des Mannes Wedekind

und seines Werkes: Es bleibt keine andere Wahl als *ein Leben trotz allem.* Wedekind ist zu sachlich, einen arkadischen Lebenstraum des ›natürlichen Lebens‹ zu entwerfen.
[...]
Aus dieser Umwertung üblicher Moral erhebt sich Wedekinds Trotzdem, seine Anerkennung und Bejahung des Lebens, *wie es ist.* Das ›Leben‹ kann nicht als glücklich ungebrochene Hingabe an eine schöne Harmonie alles Natürlichen verwirklicht werden. Mag – davon später – in einem utopischen Zeitalter der ›großen Liebe‹ das ›egoistisch‹-freie Ausleben der natürlichen Instinkte, des Sexus etwa, selbstverständlich sein – in der gegenwärtigen Bürgergesellschaft erwartet die Menschen-›Natur‹, die sich ausleben will, lebensgefährlicher Kampf. In diesen Kämpfen aber, im vollen Ausleben des »wilden schönen Tieres«, von dem der ›Erdgeist‹-Prolog spricht, ist selbst diesem Leben Reiz abzugewinnen. Weg aber mit der lügnerischen ›Moral‹, die diesen nackten Existenzkampf verschleiert, Verachtung denen, die nach diesen philisterhaften Verbrämungen ›leben‹ wollen. Wahre Moral, Menschenwürde besteht darin, sich dieser unerbittlichen Wahrheit des Lebens zu stellen und zu kämpfen. Das ist die Haltung des Typus Mensch, den Wedekind ›Realist‹ nennt und dem ideologieverfallenen ›Idealisten‹ gegenüberstellt. Die Entgegensetzung dieser beiden Menschen-Typen – in ›Frühlings Erwachen‹ sind es Melchior und Moritz – wird für seine Dramatik, die die Lebenskunst im Kapitalismus erörtern will, zu einem zentralen Motiv. [...]

Frank Wedekind: Werke in drei Bänden. Leben und Werk, hrsg. von Manfred Hahn. Aufbau-Verlag, Berlin und Weimar 1969, S. 10–17. Ausschnitte.

V. Lebensdaten

1. Frank Wedekind: [Erste Autobiographie]

(1901)

Geboren 24. VII. 1864 in Hannover.

Mein Vater, aus einer alten ostfriesischen Beamtenfamilie, war ein vielgereister Mann. Er war Arzt und war als solcher zehn Jahre lang im Dienste des Sultans in der Türkei gereist. 1847 kam er nach Deutschland zurück und saß 1848 als Kondeputierter (Ersatzmann) im Frankfurter Parlament. 1849 ging er nach San Franzisko und lebte dort fünfzehn Jahre. Mit 46 Jahren heiratete er eine junge Schauspielerin vom Deutschen Theater in San Franzisko, die genau halb so alt war wie er selber. [. . .]

1864 kehrte mein Vater nach Deutschland zurück, lebte acht Jahre in Hannover und kaufte 1872 das Schloß Lenzburg im Kanton Aargau in der Schweiz, einen der schönsten Flecken Erde, die ich je gesehen. Dort wuchs ich auf als zweitältester von sechs Geschwistern, deren drittjüngstes meine Schwester Erika ist. Ich besuchte in Lenzburg die Bezirksschule und darauf das kantonale Gymnasium in Aarau. 1883 machte ich mein Abiturium. Ich beschäftigte mich dann mehrere Jahre journalistisch als Mitarbeiter der ›Neuen Zürcher Zeitung‹ und anderer Schweizer Blätter. 1886 wurde in Kempthal bei Zürich das indes weltberühmt gewordene Etablissement Maggi für Suppenwürze gegründet. Maggi engagierte mich gleich bei der Gründung als Vorsteher seines Reklame- und Preßbüros. In dieser Zeit verkehrte ich hauptsächlich mit Karl Henckell, dem ich die Schätzung aller modernen Bestrebungen verdanke. Außerdem gehörten Gerhart Hauptmann und Mackay zu unserem Kreis. Dann verkehrte in Zürich auch so ziemlich alles, was sich in der jungen Literatur hervortat oder hervortun wollte.

1888 reiste ich ein halbes Jahr lang als Sekretär mit dem Zirkus Herzog und ging nach dessen Auflösung mit meinem Freunde, dem bekannten Feuermaler Rudinoff, nach Paris und begleitete ihn als sein Mitarbeiter auf einer Tournee durch England und Südfrankreich. 1890 kehrte ich mit Rudinoff nach München zurück und schrieb dort mein erstes Buch: ›Frühlings Erwachen‹. Dann ging ich, da mein Vater indessen gestorben war, nach Paris zurück und wurde dort schließlich Sekretär eines auch in Berlin bekannten dänischen Malers und Bilderhändlers namens Willy Grétor, in dessen Dienst ich auch ein halbes Jahr in London tätig war. Während meines Londoner Aufenthaltes machte ich durch Dauthendey zum ersten Male die Bekanntschaft der neuen deutschen symbolistischen Literatur, die damals eben im Aufblühen war. Den Winter 95 auf 96 verbrachte ich wieder in der Schweiz, und zwar unter dem Namen eines Rezitators Cornelius Mine-Haha. Als solcher rezitierte ich in Zürich und anderen Schweizer Städten Szenen aus Ibsenschen Dramen. [...] In diese Zeit fällt auch der Plan einer Gründung eines reisenden literarischen Tingel-Tangels, den ich, wie ich Ihnen schon schrieb, damals mit Bierbaum und einigen jungen Damen erörterte.

Im Frühjahr 1896 reiste ich zur Gründung des ›Simplicissimus‹ nach München, dessen politischer Mitarbeiter ich während zweier Jahre blieb. Im Herbst 1897 gründete Dr. Carl Heine sein Ibsen-Theater in Leipzig und engagierte mich als Sekretär, Schauspieler und Regisseur. Als Schauspieler führte ich bei ihm den Namen meines Großvaters Heinrich Kammerer. Wir bereisten ganz Norddeutschland und kehrten über Breslau und Wien im Hochsommer 98 nach Leipzig zurück. In Leipzig, Halle, Hamburg, Braunschweig und Breslau hatten wir auch den ›Erdgeist‹ aufgeführt, in Leipzig erlebte das Stück zehn Wiederholungen. Da sich das Ensemble damals auflöste, ging ich nach München und wurde Dramaturg, Schauspieler und Regisseur am dortigen Schauspielhaus. Dann kam der Simplicissimusprozeß, dessen sofortiger Erledigung ich nur deshalb auswich, um ein halbes Jahr Zeit und Ruhe zu einem Bühnenstück zu gewinnen. Ich stellte mich dem Richter, sobald ich das letzte Wort am ›Marquis von Keith‹

geschrieben hatte. Auf der Festung Königstein schrieb ich den Roman ›Mine-Haha‹. Seit meiner Freilassung bin ich nur wenig mehr als Schauspieler aufgetreten. [. . .] Augenblicklich singe ich hier allabendlich meine Gedichte nach eigenen Kompositionen bei den ›Elf Scharfrichtern‹ zur Guitarre.

Frank Wedekind: Werke in drei Bänden. Prosa, hrsg. von Manfred Hahn. Aufbau-Verlag, Berlin und Weimar 1969, S. 332–334. Ausschnitt.

2. Zeittafel zu Leben und Werk

(Ergänzung zur ›Autobiographie‹)

1895 Erfolglose Bemühungen um Aufführungen seiner Dramen. Im Verlag von Albert Langen erscheint ›Der Erdgeist‹ (Neufassung des ersten Teils von ›Die Büchse der Pandora‹), Uraufführung 1898. Herbst in Lenzburg und Zürich. Auftreten als Rezitator vor allem Ibsenscher Dramen unter dem Pseudonym Cornelius Mine-Haha. ›Mine-Haha‹ begonnen (erste Fassung unveröffentlicht).

1896 Sommer in München. Mitarbeiter des ›Simplicissimus‹ (gegründet April 1896). Beteiligung an Bestrebungen zur Gründung einer der Moderne verpflichteten Bühne in München.

1897 ›Die Fürstin Russalka‹ (Prosa- und Lyriksammlung) erscheint bei Langen. ›Der Kammersänger‹ (Erstausgabe und Uraufführung: 1899). Erste politische Gedichte unter dem Pseudonym Hieronymus Jobs im ›Simplicissimus‹.

1898 25. Februar: ›Erdgeist‹-Uraufführung durch die Litterarische Gesellschaft, Leipzig (Regie: Carl Heine; Wedekind spielt unter dem Pseudonym Heinrich Kammerer den Dr. Schön).
März–Juni: Tournee des ›Ibsen-Theaters‹ (Leitung: Carl Heine) mit (u. a.) ›Der Erdgeist‹, die Wedekind als Theatersekretär begleitet.
Ende Juni Engagement durch Georg Stollberg an das Münchner Schauspielhaus als Theatersekretär (Dramaturg), Regisseur und Schauspieler.
29. Oktober: Münchner Erstaufführung von ›Der Erdgeist‹ mit Wedekind als Dr. Schön.

30. Oktober: Wegen drohender Verhaftung Flucht in die Schweiz. Wedekind wird als Autor des Gedichts ›Palästinafahrt‹ im ›Simplicissimus‹ wegen Majestätsbeleidigung unter Anklage gestellt. ›Der Marquis von Keith‹ begonnen.
22. Dezember: In Paris.

1899 Nach Abschluß von ›Der Marquis von Keith‹ stellt sich Wedekind im Juni den Behörden in Leipzig; Untersuchungshaft.
3. August: Hauptverhandlung vor dem Reichsgericht, Verurteilung zu sieben Monaten Gefängnis; Begnadigung zu Festungshaft.
21. September: Überführung auf die Festung Königstein. ›Mine-Haha‹ (Neufassung).

1900 3. März: Haftentlassung.

1901 13. April: Eröffnungsvorstellung der ›Elf Scharfrichter‹ in München. Wedekind tritt Ende April dem Ensemble bei, als einziger ohne Pseudonym.
Ab Herbst ›So ist das Leben‹ (später ›König Nicolo‹).

1902 Juli: Vorabdruck von ›Die Büchse der Pandora‹ (Neufassung als Fortsetzung von ›Der Erdgeist‹, erste Buchausgabe März 1904) in ›Die Insel‹.
17. Dezember: Berliner Erstaufführung von ›Der Erdgeist‹ im Kleinen Theater.

1903 ›Die große Liebe‹ (Roman) begonnen (nicht vollendet und unveröffentlicht). ›Hidalla oder Sein und Haben‹ (später auch ›Karl Hetmann, der Zwergriese‹).

1904 1. Februar: Uraufführung ›Die Büchse der Pandora‹ im Intimen Theater, Nürnberg.
23. März: Beschlagnahme der Erstausgabe von ›Die Büchse der Pandora‹.

1905 29. Mai: (Geschlossene) Erstaufführung von ›Die Büchse der Pandora‹ durch Karl Kraus im Trianon-Theater, Wien, mit Tilly Newes als Lulu, Wedekind als Jack the Ripper.

1906 1. Mai: Eheschließung mit Mathilde (Tilly) Newes. Wohnsitz bis 1908 in Berlin.
2. Mai: Uraufführung ›Totentanz‹ im Intimen Theater, Nürnberg, mit Frank und Tilly Wedekind. Eine von Karl Kraus in Wien geplante Erstaufführung wird von der Zensur auch als geschlossene Vorstellung nicht zugelassen.
Juli: Erster Wedekind-Zyklus (mit Frank und Tilly Wedekind in allen Hauptrollen) im Münchner Schauspielhaus.
20. November: Uraufführung ›Frühlings Erwachen‹ in den Kammerspielen, Berlin, mit Alexander Moissi, Bernhard

von Jacobi, Camilla Eibenschütz, Gertrud Eysoldt, Hedwig Wangel, Albert Steinrück und Frank Wedekind; Regie: Max Reinhardt.
12. Dezember: Geburt der Tochter Pamela.

1907 ›Die Zensur‹ (Erstausgabe 1908 bei Bruno Cassirer, Berlin; Uraufführung 1909).

1908 2. April: Uraufführung ›Die junge Welt‹ im Münchner Schauspielhaus. ›Oaha‹ (später ›Till Eulenspiegel‹): Erstausgabe 1908.
September: Übersiedlung nach München.

1910 November: ›Frühlings Erwachen‹ in Königsberg verboten.

1911 23. Januar: Uraufführung ›Der Stein der Weisen‹ in der Kleinen Bühne, Wien.
6. August: Geburt der Tochter Kadidja.
›Franziska‹: Erstausgabe 1912.

1912 Februar: Aufhebung des Königsberger Verbots von ›Frühlings Erwachen‹ durch das Oberverwaltungsgericht in Berlin.
Juni: Erster Wedekind-Zyklus am Deutschen Theater, Berlin.

1913 ›Simson‹: Erstausgabe 1914.

1914 Juni: Wedekind-Zyklus in Berlin; Juli in München (bei Kriegsbeginn abgebrochen). Zahlreiche Ehrungen zum 50. Geburtstag.
November: ›Bismarck‹ begonnen (Erstausgabe 1916).

1915 15. April: Blinddarmoperation (Wunde kann nicht vernäht werden; Bruchgefahr), langsame Rekonvaleszenz.

1917 8. Januar: Bruchoperation.
Mai–Oktober: In der Schweiz letzte gemeinsame Gastspiele von Frank und Tilly Wedekind.
5. Dezember: Nachricht vom Selbstmordversuch Tilly Wedekinds am 30. November; Rückkehr nach München.

1918 2. März: Bruchoperation.
9. März: Tod Frank Wedekinds.
12. März: Beisetzung auf dem Münchner Waldfriedhof.

Günter Seehaus: Frank Wedekind. rm 213. Rowohlt Verlag, Reinbek bei Hamburg 1974, S. 144–147. Ausschnitte.